しらいむコーデ

～ミント味MAX～

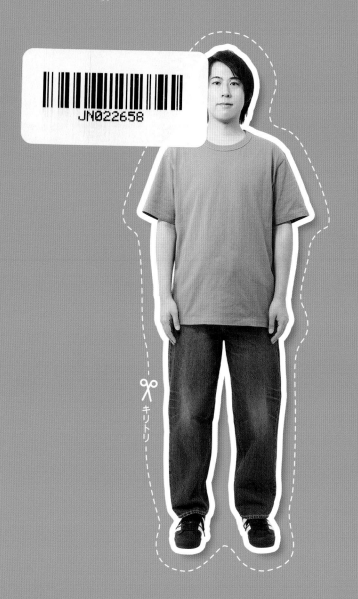

JN022658

カラーコピーをして点線に沿って切り抜き、それぞれのページにある
衣装を着せてお気に入りのしらいむコーデを楽しもう！

Character Profile

夢咲時緑
（２８歳・サーカス団長）

サーカス団員の子として生まれ、幼いころから曲芸に親しんできた。玉乗り、ナイフ投げ、空中ブランコ、あらゆる芸ができるが、猛獣ショーがもっとも得意。

STORY

「さあ、これから2ヵ月間、
事故ナシ怪我ナシで頑張ろう!」

時緑は少し緊張しながら、団員たちにあいさつをした。
幼いころからサーカス団員として芸をしてきたから、
ショーに出るのは慣れている。
でも、今回からは団長としてショー全体を運営しなければならない。

時緑が団長に抜擢されたのは、前の興行が終わった直後のことだった。
若手の時緑が団長に選ばれたのは、できる芸の多さからだった。
いろいろなことができるからこそ、
団員たち一人ひとりの芸や調子に目を配り、
より魅力的な公演を作れるはずだと先代の団長に指名された。

俺に団長なんてできるのかな…。
自信はない。でも、任せられたからには全力で頑張るしかない。

公演初日、チケットは完売して、テントいっぱいに観客が押しよせた。
「みんな、行くぞ。イッツ、ショータイム!」
時緑のかけ声で、みんなが、うおぉぉ、と気合の声を上げた。

プログラムは順調に進んだ。
オープニングの吊りロープショーも、イリュージョンも、
ピエロたちのコメディーも、観客は熱狂しながら楽しんでいる。

次は猛獣ショー。時緑の出番だ。

「よしっ、行けっ!」
動物たちに命じながら、音の鳴るムチで地面を叩いて合図をおくる。
時緑の猛獣使いの腕は、サーカスで一番だ。
まるで時緑の言葉が分かるみたいに、
動物たちは時緑の指示通りに動いてくれる。

ライオンたちの火の輪くぐりも、ゾウの曲芸も、大成功だった。

そして、サーカスの花形の空中ブランコが始まった。
男女のペアが華麗に宙を舞い、テントの中に拍手が響き渡る。

ふぅ、初日は無事に終えられそうだな…。
時緑が安心しかけたとき、事故が起こった。

空中ブランコをしていたふたりの息が乱れ、
女の団員が転落したのだ。
ブランコの下に張られたネットに着地して
彼女は無事だったけれど、
最後の大技は不発に終わってしまった。

「ちゃんと受け止めなさいよ。最後の最後で失敗しちゃったでしょ！」
「お前がタイミングを間違えたんだろ。
練習よりちょっと遅かったじゃないか！」
公演後、空中ブランコのふたりが口論をしていた。

「まあ、落ち着いて」
団長としての責任感で、時緑はふたりの間に割って入った。
「だって、彼がちゃんとしてくれないと、私、安心して飛べません」
「待てよ、お前がミスしたのに、俺のせいにする気かよ」
ふたりは責任をなすりつけ合っている。

「ケンカするなって！
お客さんは充分に楽しんでくれてたし。
お互いに次から気をつければいいさ！」

「お互いって、私も悪いってことですか？」
「いや、そうは言ってないけどさ…」
「だったら、俺が失敗したって言うんですか？」
「そんなこと言ってるんじゃなくて…」
時緑はふたりに挟まれて、たじたじになった。

「あやふやにせず、はっきり言ってください！」
同時に声を合わせて時緑に詰め寄る。
こんなときに限って、ふたりの息はぴったり合っていた。
「どっちが悪いだとか言わずに。みんなで仲良くやろうよ」
「それじゃ私の（俺の）気がすみません！」
「そんなぁ…」
猛獣は自在に操れても団員たちをなだめるのは難しい、
と痛感する時緑だった。

Change of Clothes

なんかこう、これまでの集大成みたいだなと。セットも色々用意していただいて。馬の
存在感がよかったですよね！　残念ながら乗ることはできなかったんですが（笑）。衣
装はジャケットもシャツも全部緑です。三つ揃いがこれまた素敵で。自分がサーカスに
出るとしたら？　ジャグリングもアクロバットもできないから出られないのでは（苦笑）。

青芝修司
（30歳・サッカー選手）

J1昇格を狙うクラブチームのエース
ストライカー。シーズン終盤の試合
中に怪我をして戦線離脱していたが、
J1参入プレーオフで試合復帰した。

「 なんで、俺がスタメンじゃないんですか！」

スターティングメンバーの表に自分の名前がないことに気づいた修司は監督に抗議した。

今日はプレーオフの最終戦。

勝てばJ1昇格が決まり、負ければJ2残留になる。

絶対に負けられない大切な試合だ。

このシーズン、修司のチームは開幕から独走状態で
途中までは一位だった。ところが、修司が怪我で離脱してからは
決定力不足に陥り、順位を一気に落としてしまっていた。

「この大事な一戦で、スタメンから外されるのは納得できません！」

「 怪我は治っても、スタミナが落ちたままだろ。
今の君には任せられない」

「でも、俺がいなきゃ決定力不足のはずです。負けていいんですか？」

「これは勝つための采配だ。たとえ、君が納得しなくてもスタメンは変えない」

監督は抗議に応じず、修司はベンチスタートになった。

くそっ、あの監督、いったい何を考えてるんだよ…。

試合が始まると、やはりチームの決定力不足が目立った。

チャンスは幾度も訪れるのに、

どうしてもシュートが決まらない。

そんななか、敵チームにフリーキックを与えてしまった。

やばいな…。修司は拳をにぎりしめた。

修司の不安は的中した。

敵のボールは豪快にゴールネットを揺らした。

「 後半は俺を試合に出してください！」

ハーフタイムに修司は監督に頼み込んだ。だが、監督は断固として聞き入れない。

「修司に頼り切りでいいのか？　お前たちだけでは点を取れないのか？」

監督は修司を試合に出さず、他の選手たちを叱咤激励した。

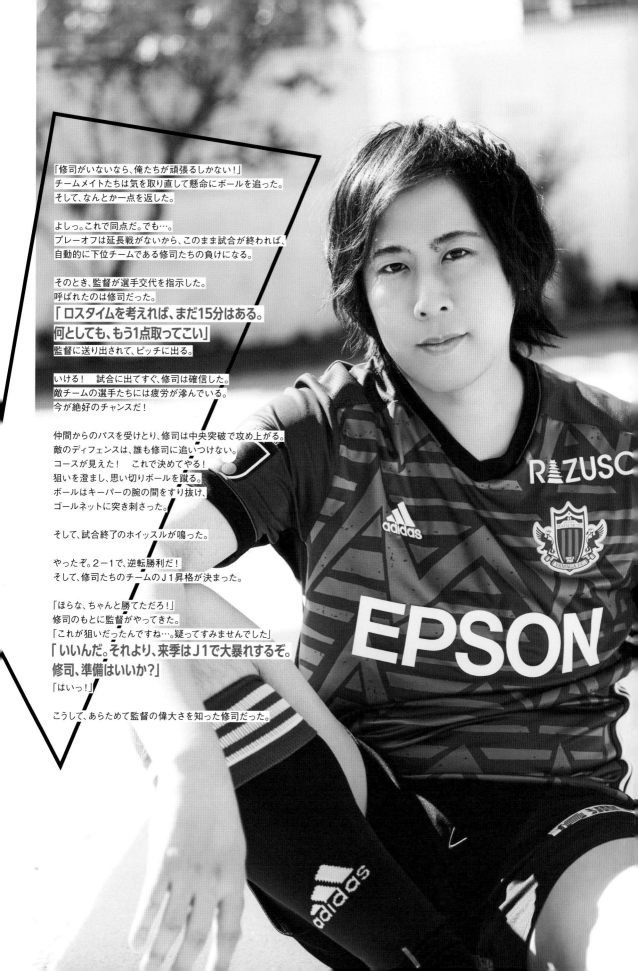

「修司がいないなら、俺たちが頑張るしかない！」
チームメイトたちは気を取り直して懸命にボールを追った。
そして、なんとか一点を返した。

よしっ。これで同点だ。でも…。
プレーオフは延長戦がないから、このまま試合が終われば、
自動的に下位チームである修司たちの負けになる。

そのとき、監督が選手交代を指示した。
呼ばれたのは修司だった。
「ロスタイムを考えれば、まだ15分はある。
何としても、もう1点取ってこい」
監督に送り出されて、ピッチに出る。

いける！　試合に出てすぐ、修司は確信した。
敵チームの選手たちには疲労が滲んでいる。
今が絶好のチャンスだ！

仲間からのパスを受けとり、修司は中央突破で攻め上がる。
敵のディフェンスは、誰も修司に追いつけない。
コースが見えた！　これで決めてやる！
狙いを澄まし、思い切りボールを蹴る。
ボールはキーパーの腕の間をすり抜け、
ゴールネットに突き刺さった。

そして、試合終了のホイッスルが鳴った。

やったぞ。2－1で、逆転勝利だ！
そして、修司たちのチームのJ1昇格が決まった。

「ほらな、ちゃんと勝てただろ！」
修司のもとに監督がやってきた。
「これが狙いだったんですね…。疑ってすみませんでした」
「いいんだ。それより、来季はJ1で大暴れするぞ。
修司、準備はいいか？」
「はいっ！」

こうして、あらためて監督の偉大さを知った修司だった。

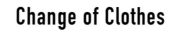

Change of Clothes

なんと今回、僕の地元長野のJリーグチームの松本山雅FCからユニフォームをいただきました！「SHIRAIMU」って名前も入れてくださって。しかもこのユニフォームの緑が非常にいい緑色なんですよね…。撮影中は空き時間もついついボールを蹴ってました。半袖だったんですけど、身体を動かしてるから全然寒くないという。フットサルはやってましたけど、サッカー選手となると夢のまた夢です。

緑川 流
（35歳／バー
『エバーグリーン』のマスター）

老舗のオーセンティックなバーで10年
修行したあと、5年前に独立し地元に
小さなバーをオープンさせた。マスタ
ーの作る本格的な辛口のマティーニが
お客様には好評だが、本人はカルアミ
ルクのような甘いカクテルが大好き。

STORY

いつものように緑川が開店準備をしていると、
バー『エバーグリーン』のドアが開く。
「すみません、まだオープン前なので・・・」
緑川が視線を上げると、そこには常連客の女性が立っていた。
「どうしたの？　こんな早い時間に」
「マスター入っていい？」彼女の目は涙で潤んでいた。
「もちろん。座って」彼女をカウンター席にエスコートする緑川。
「どうしたの？」そっと問いかけてみる。
「フラれちゃった」とあっさりこたえる。
目には涙がますます溢れていく。
「子供の相手は疲れたって言われちゃった」
ついに涙がこぼれ落ちた。
ハンカチを差し出す緑川に「やさしくしないでよ！」
とハンカチを振り落とす。
我に返った彼女は「ごめんなさい」と素直にあやまった。
「いいんだよ。バーという場所はそういうところだから、いいこと
も悪いことも全部吐き出して、また明日にむかっていくためのオ
アシスになれたらいいと思ってるから」
「本当にごめんなさい」
「いいんだって。どうする。何か飲む？」
「じゃあおまかせで1杯お願いします」
「甘い系？　さっぱり系？」
「さっぱり系で。でも酔えるカクテルを」
「すべてのカクテルは女性を酔わせるためにあるんだよ」
笑顔で彼女に応える。
緑川は氷を砕きシェーカーに入れる、そこにウォッカ、ピーチリ
キュール、ブルーキュラソー、パイナップルジュース、グレープフ
ルーツジュースを入れ、シェーカーを振る。
今日はお客様がひとりしかいない、
特別に普段より多く振ってみる。
シェーカーからグラスに
エメラルドグリーンのカクテルが注がれる。
「キレイ。何ていうカクテルですか？」
「ガルフストリームというカクテルです」
「意味はあるんですか？」彼女はいつもまっすぐに質問する。
「メキシコ湾流という世界最大級の温暖海流から名付けられた
カクテルです。流れが強いからこんな鮮やかな色合いになるんだ
と思います。澱んだ海流ならこんな美しい緑にはなりません」

「立ち止まってたらいけないんだね」
「最初にも言ったけどほかのお客さんもこのエバーグリーンに
立ち寄って、散々愚痴ったり、惚気たりしてまた次の場所に立ち
去っていく。砂漠のオアシスも同じで、旅人が水を汲みに立ち寄
るがそこで留まりはしない。次に進むためにひと休みするための
場所なんだ」
彼女がカクテルに口をつける。「おいしい」
「それはよかった。お口に合って光栄です」
「あーあ、マスターが年上だったら好きになってたのに」
「今いくつだっけ」
「26歳だけど」
「俺、35歳だよ」
「えー！　見えない。ごめんなさい。
今まで失礼な態度取っちゃって。同じくらいか年下だと思ってた」
ショックをうけた緑川。それに気付いたのか、彼女は申し訳なく
カクテルを飲みほした。
「マスター、新しい彼氏できたら連れてくるから」
「うん。待ってるよ」
入って来たときとは逆に元気よくドアを開けて出て行った。
ひとり残された緑川、普段より多くシェーカーを振って格好つけ
た自分が恥ずかしくなりエバーグリーンの看板の灯をつける
のに時間がかかってしまった。

Change of Clothes

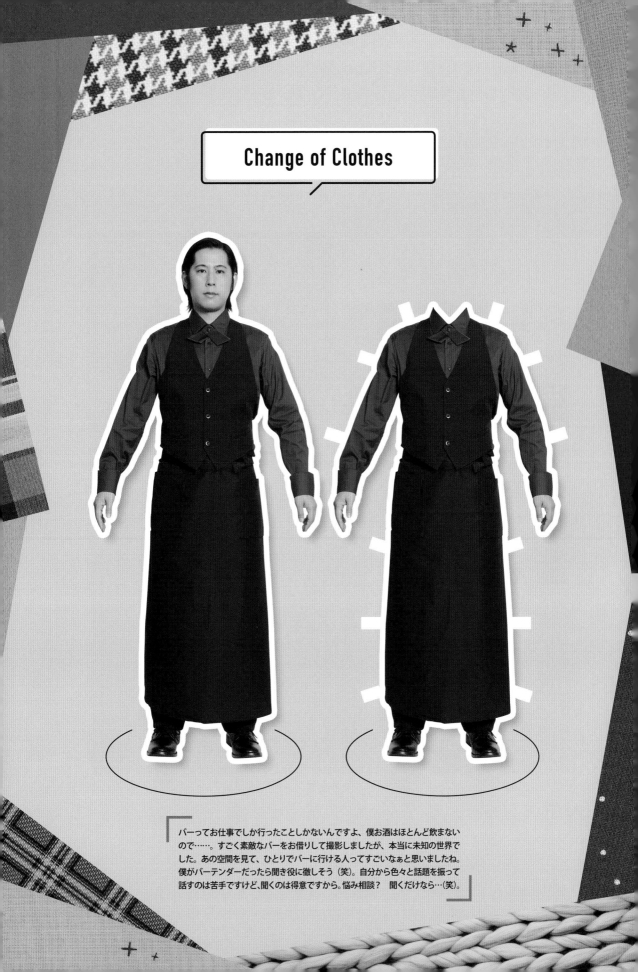

バーってお仕事でしか行ったことしかないんですよ、僕お酒はほとんど飲まないので……。すごく素敵なバーをお借りして撮影しましたが、本当に未知の世界でした。あの空間を見て、ひとりでバーに行ける人ってすごいなぁと思いましたね。僕がバーテンダーだったら聞き役に徹しよう（笑）。自分から色々と話題を振って話すのは苦手ですけど、聞くのは得意ですから。悩み相談？　聞くだけなら…（笑）。

木賊栄太
（32歳・プロボウラー）

大学卒業後はしばらく会社員をして
いたが、得意のボウリングを突き詰
めたくてプロ試験を受け、見事合格
した。あがり症なのが玉にキズ。

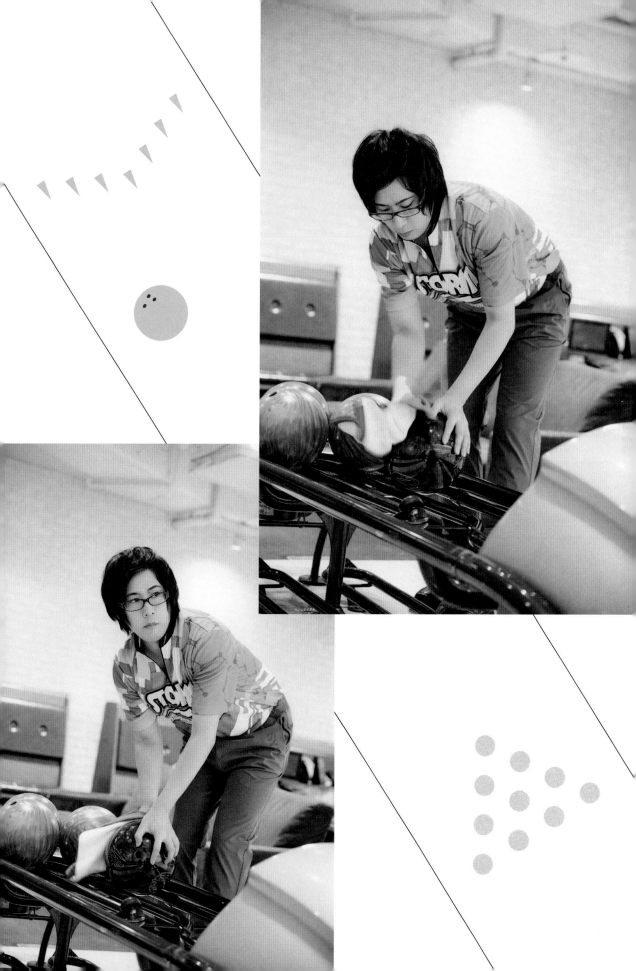

STORY

「おい、大丈夫かよ。栄太!」
応援に来ていた友達が心配そうな顔をした。

全国規模の大会で、栄太はついに決勝トーナメントに進出。
予選会と違い、決勝には多くのボウリングファンが観戦しに来ていた。
関係者エリアには、新聞記者や
スポーツ専門チャンネルの取材班までいる。
いままで経験したことのない状況に、栄太はかなり緊張していた。

観客たちの拍手や歓声が聞こえるたびに、
心臓の鼓動が早くなっていくようだ。
指先の震えは止まらないし、手のひらは汗でぬるぬるする。

「そんな状態でちゃんと投げられるのか?」
「う、うん。た、たぶん、なんとかなるよ」

いよいよトーナメントの第一試合が始まる時間になった。
栄太は足をもつれさせながらレーンに向かった。

試合の前に、それぞれ四球ずつの投球練習があった。
一球、二球、三球…。
投げるたびに集中が増していくのが分かった。

試合が始まると、さっきまでの緊張が嘘みたいに、
栄太は穏やかな気分になった。
心臓が柔らかく脈打ち、腕と足に血液を送る。

対戦相手のプロはなかなかの腕前だ。
けれど、集中した栄太の実力はそれ以上だった。
一球ごとに、栄太と相手の点差が開いていく。
そして、第九フレームの時点で栄太の勝利が決まった。

観客たちが栄太に拍手を送る。
空気の振動がびりびりと肌に打ち付け、なんだか心地いい。

それからも、栄太は勝ち続けた。
ゾーンに入った栄太に、もはや敵はなかった。

ボールは栄太の思い通りに転がり、
ストライクやスペアが量産された。
そのままの勢いで、栄太は今日の最高スコア275をマークし
決勝戦に勝利した。

「優勝おめでとうございます。さっそくですが、
今のお気持ちを聞かせてください！」
スポーツニュースの記者が、栄太にインタビューしに来た。

しかし、試合が終わったことで、栄太の集中はすっかり切れて、
今まで忘れていた緊張が、高波のように押し寄せてくる。

「木賊プロ、どうされましたか？」
「す、すみません。えっと、こういうの、慣れなくて…」
「ライセンスを取得して初めて挑む大きな大会ということで、
木賊プロは少し緊張されているみたいです」
記者がそんなフォローをしてくれた。

「木賊プロ。ファンのみなさんへのひと言をお願いします」
「えっ、ひと言？　えっと、その…」
何か言わなくちゃとは思うのだけれど、
焦れば焦るほど栄太の頭の中は真っ白になった。

そのとき、観客のひとりが声を上げた。
「頑張れー！」
すると、他の観客たちも、同じように栄太を応援し始めた。

「頑張れー！　木賊選手！」
いつしか、観客たちみんなが栄太に声援を送っていた。

「いや、インタビューで応援されてどうするんだよ…」
試合のとき以上に応援されている栄太に、
友達があきれたような顔をしている。

これからも勝ち続けていくためには、あがり症を治さないとな。
インタビューのたびにこの調子じゃ、とても身が持たない…。
しどろもどろになってインタビューに答えながら、
そんなことを考えた栄太だった。

Change of Clothes

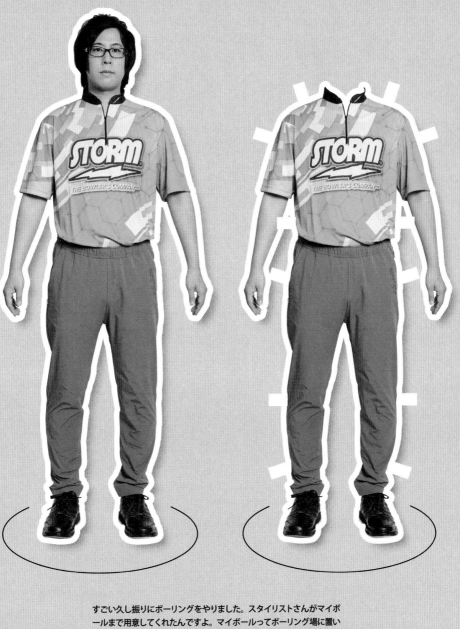

すごい久し振りにボーリングをやりました。スタイリストさんがマイボールまで用意してくれたんですよ。マイボールってボーリング場に置いてあるボールとはちょっと仕様が違うので、スコアがすごい伸びやすくて。またマイボールを持ってボーリングを趣味にしたいと思うくらい楽しんでました！　プロになれるほどの腕前はないんですけどね（苦笑）。

木本緑二
（き もと りょく じ）
（33歳/商社勤務）

パクチーが嫌いだと公言しているの
に、少し入っているパクチーに気付
かずに食べてしまう。そのため、隠
し味でパクチーを使ったグルメを食
べさせられてはからかわれている。

STORY

「木本さーん！ お昼行きましょう！」

またか…木本はそう感じた。
後輩のパクチー女子からランチの誘いがくるときは、
大体「隠れパクチーグルメ」を見つけたときなのだ。
それに気付いた木本が最近はランチを渋るようになり、
このパクチー女子は作戦変更して
2回に1回はパクチーとは全く関係ないランチに誘ってくる。
「今日は、どっちだ？」

木本がそう尋ねると、彼女はフフッといたずらっぽく笑って
「どっちでしょー？」と首をかしげた。
木本はわざとらしく溜息をついて
「しょうがない。付き合ってやるよ」と緑のジャケットを手にとった。

「そんなに嫌なら行かなきゃいいのに」

そう言ってあきれ顔を見せるのは隣のデスクの同僚だ。
「いや、でもホントにめちゃくちゃウマい店に連れてってくれるんだよ」
木本はそう言ってから、ハッとして慌てて付け足した。
「っていうか、ヤツが入ってる料理も
実は普通にウマいんだよな。悔しいけど…」

ヤツとは、言わずもがな、パクチーである。
連れて行かれたのは西海岸の雰囲気が漂うハンバーガー屋だった。

さすがにハンバーガーにパクチーはないだろう…。
そういえば今日まで3回連続パクチー入りだった。
今日は平和に終わるかもしれない。
「ここのアボカドバーガー、美味しいんですよ！」

「木本さん、そのソース、パクチー入ってますよー！」

…やられた。こうしてまたパクチー女子にしてやられたのだった。
「木本さん、実はパクチー好きなんじゃないですか？」
「いや、断固としてそれはない」
「だって、いつも私が厳選した隠れパクチーに気付かないで
『うまい、うまい』って食べるじゃないですか」
「生パクチーがダメなだけなのかなぁ…」
「この前、さりげなく生パクチーが混ざっているサラダも食べてましたよね…？」
「ぐ…」
「ほらぁ。もうやっぱり木本さんパクチー好きなんですよ、きっと」

「好き…なのかなぁ…」

思い返すと、実は自分はパクチーが好きなのかもしれない。

「うん…確かに、嫌いではないのかもしれないなぁ…。
好きに、なってきたのかなぁ…」
そんなことをブツブツ繰り返す木本を横目に、
パクチー女子はポツリと呟いた。

「好きになってきたのは、パクチーだけ…ですか？」

思わず木本から目を逸らすようにパクチー女子は顔をそむけた。
その顔が心なしか赤くなっていたのに、
鈍感な木本もさすがに気付いた。
「お昼休み終わっちゃいますよ！　行きましょ！」

この日を境に、木本はパクチーよりも
パクチー女子を意識し始めるようになったのだった。

そう言ってパクチー女子はいつもどおり勝手に
俺の分も注文して、ハンバーガーが出てくるのを待った。
出てきたハンバーガーはアボカドとスパイシーなソースが
アクセントになったハンバーガーだった。

ウマ！！！

肉汁が溢れてくる。ウマい。感激する木本を
じっと見ていたパクチー女子が、嬉しそうに手を叩いた。

西岡碧志
（ 35歳/カフェ経営 ）

ゲームが好きすぎて脱公務員をし、e
スポーツカフェの経営をしている。テレ
ビの占いコーナーをチェックするの
が毎朝の日課。占いの結果の良し悪
しで一日の気分が変わるほど、色々
と真に受けやすいタイプ。

「 さあ、今日も張り切っていきましょう！」
西岡はハツラツとして、
スタッフルームにいた店員たちにあいさつをした。
今朝の占いは、西岡の山羊座が1位だった。
何もかもが順風満帆な一日、
特に恋愛運が急上昇中で
"人生最大のモテ期到来"の予感らしい。

部屋のすみにある鏡で自分の服装をチェックする。
よし、ラッキーカラーの緑色も入ってる。カンペキだ。
「店長、また占いに踊らされてるんすか？」
生意気なスタッフがちゃちゃを入れてきた。
彼には日課の占いチェックを知られているから厄介だ。
「恋愛運が急上昇でしたっけ。
今日こそ彼女と進展があるといいっすね」
「 ばかっ、彼女とは、何も…」
西岡はあわてて否定した。

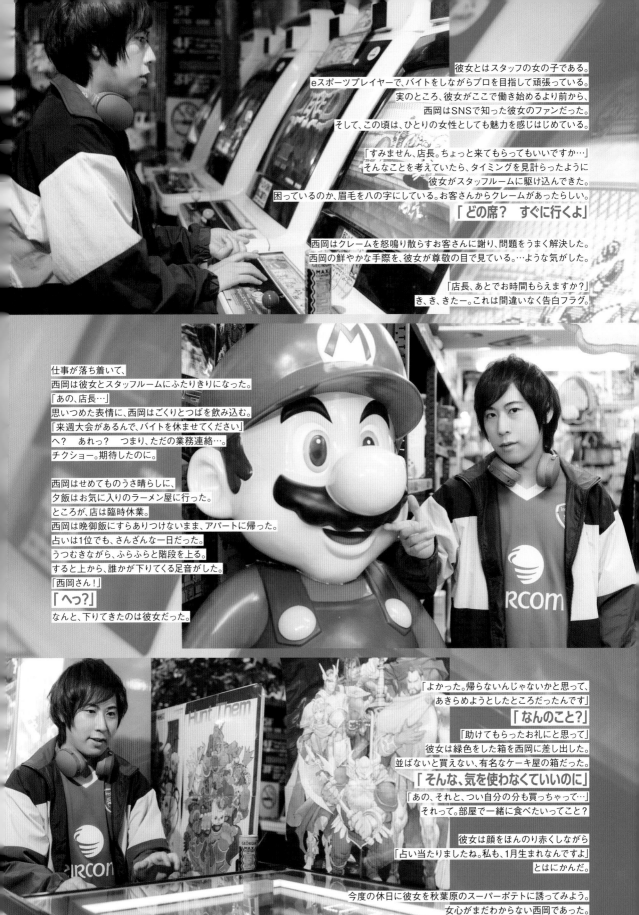

彼女とはスタッフの女の子である。
eスポーツプレイヤーで、バイトをしながらプロを目指して頑張っている。
実のところ、彼女がここで働き始めるより前から、
西岡はSNSで知った彼女のファンだった。
そして、この頃は、ひとりの女性としても魅力を感じはじめている。

「すみません、店長。ちょっと来てもらってもいいですか…」
そんなことを考えていたら、タイミングを見計らったように
彼女がスタッフルームに駆け込んできた。
困っているのか、眉毛を八の字にしている。お客さんからクレームがあったらしい。

「どの席？　すぐに行くよ」

西岡はクレームを怒鳴り散らすお客さんに謝り、問題をうまく解決した。
西岡の鮮やかな手際を、彼女が尊敬の目で見ている。…ような気がした。

「店長、あとでお時間もらえますか？」
き、き、きたー。これは間違いなく告白フラグ。

仕事が落ち着いて、
西岡は彼女とスタッフルームにふたりきりになった。
「あの、店長…」
思いつめた表情に、西岡はごくりとつばを飲み込む。
「来週大会があるんで、バイトを休ませてください」
へ？　あれっ？　つまり、ただの業務連絡…。
チクショー。期待したのに。

西岡はせめてものうさ晴らしに、
夕飯はお気に入りのラーメン屋に行った。
ところが、店は臨時休業。
西岡は晩御飯にすらありつけないまま、アパートに帰った。
占いは1位でも、さんざんな一日だった。
うつむきながら、ふらふらと階段を上る。
すると上から、誰かが下りてくる足音がした。
「西岡さん！」
「へっ？」
なんと、下りてきたのは彼女だった。

「よかった。帰らないんじゃないかと思って、
あきらめようとしたところだったんです」
「なんのこと？」
「助けてもらったお礼にと思って」
彼女は緑色をした箱を西岡に差し出した。
並ばないと買えない、有名なケーキ屋の箱だった。

「そんな、気を使わなくていいのに」

「あの、それと、つい自分の分も買っちゃって…」
それって。部屋で一緒に食べたいってこと？

彼女は顔をほんのり赤くしながら
「占い当たりましたね。私も、1月生まれなんですよ」
とはにかんだ。

今度の休日に彼女を秋葉原のスーパーポテトに誘ってみよう。
女心がまだわからない西岡であった。

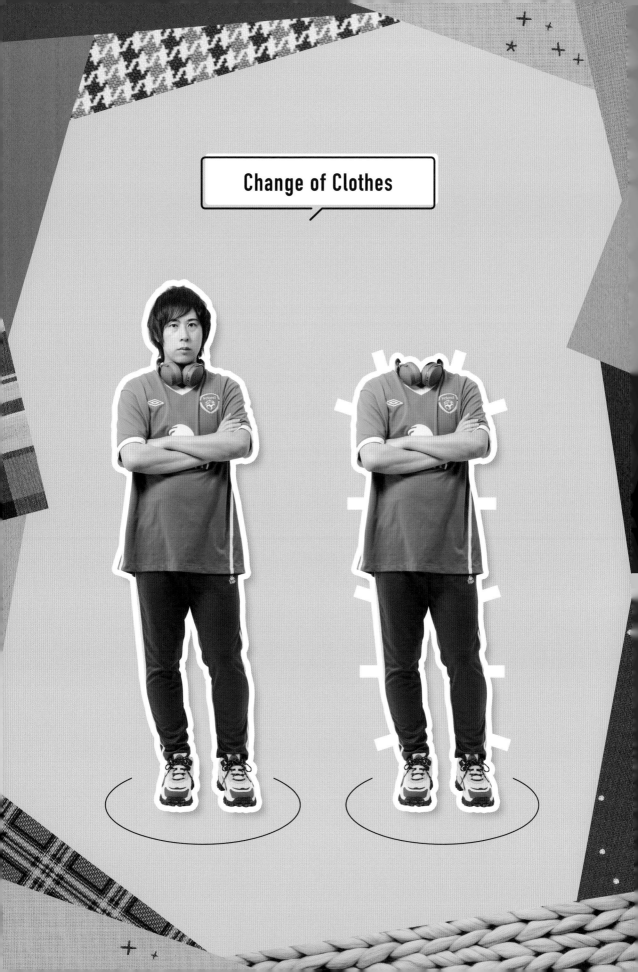

Change of Clothes

伊吹来夢
（ 35歳／フローリスト）

元フットサル選手で、引退してからは
実家の花屋を手伝っている。ゆくゆ
くは父の跡を継いで花屋を経営する
つもりだが、なかなか仕事を覚えら
れないでいる。

Looks good on you
Select flowers

伊吹はバケツを下ろして、ふぅ、と息を吐いた。
水の入ったバケツを運ぶのはなかなかの重労働だ。
「あいててて」
曲げていた膝を伸ばすと、ビリリと電流のような痛みが走る。
ケガでフットサル選手を引退してからもう5年になる。
傷はすっかり良くなったけれど、
膝に負担をかけると痛みが出る。

「おい、ここの花、キーパーに入れとけって言っただろ!」
裏口から、伊吹の父親の怒鳴り声がした。

いけね、仕入れた花をキーパーに入れるのを忘れてた!
伊吹はあわてて裏口に向かう。
「おめぇ、いつになったら仕事を覚えるんだ」
父親は怒りを通り越してあきれ顔だった。
裏口のところに置かれていた花は、つぼみが開ききってしまっていた。
キーパーの中でなら1週間くらい持つ花なのに、
これじゃあ2、3日で枯れてしまう。
「ごめんよ、親父」
「しょうがねぇな、この花は特売して今日中に売り切っちまえ」

「あら、いつもより安いわね」
常連の女性がブーケを買っていった。
他にも、特売日と書いた札を店先に立てておいたせいか、
いつもよりたくさんのお客が店をのぞいていく。
よし、この調子なら売り切れそうだな。
割り引きすぎて、利益は出ないけど…。
店の前で、ふたりの子どもが足を止めた。
小さな女の子と、その兄らしい男の子だった。

「いらっしゃいませー！」
伊吹は店先に出て、元気いっぱいのあいさつで子どもたちを出迎えた。
子どもたちはビクッと身体を縮ませて、逃げるように走っていってしまった。

それから何日かして、また子どもたちが店をのぞいていた。
おどかさないように、今度は優しく声をかけてみよう。
伊吹は外に出て、ふたりに話しかけた。
「どうしたの？　この前も来てたよね」
「あのっ」
兄のほうが恐る恐る伊吹を見上げた。
「ヒマワリってありますか？」
「あるけど…」
「じゃあ、1本ください」
兄が500円玉を差しだしてくる。

「このヒマワリはどうするの？」
ヒマワリを紙に包みながら、伊吹は子どもたちにたずねた。
「お母さんにあげるの」
女の子が説明した。どうやらふたりは母親の誕生日に、
ヒマワリをプレゼントするようだ。
「えらいね。そんな君には僕からプレゼントだ。はい、お兄ちゃんも」
伊吹は、黄色のヒマワリを妹に、赤いヒマワリを兄にあげた。
「いいの？」
ふたりは嬉しそうに目を輝かせた。
ああ、いい仕事したな。
喜ぶ子どもたちの顔を思い出しながら店番をしていると、
伊吹の父が帰ってきた。
「おい、ここにあったヒマワリはどうした？」
「花が開ききってたからさ…」
伊吹は事情を説明した。

「いいだろ。ただ枯らしてしまうよりも、
子どもたちにあげたほうが」
「あれは造花だぞ！」
つまり、作り物だから、枯れることはない。
「花屋が、生花と造花の区別もつかなくてどうするんだ、ばかもんが！」
まだまだ一人前の花屋にはなれそうにない伊吹だった。

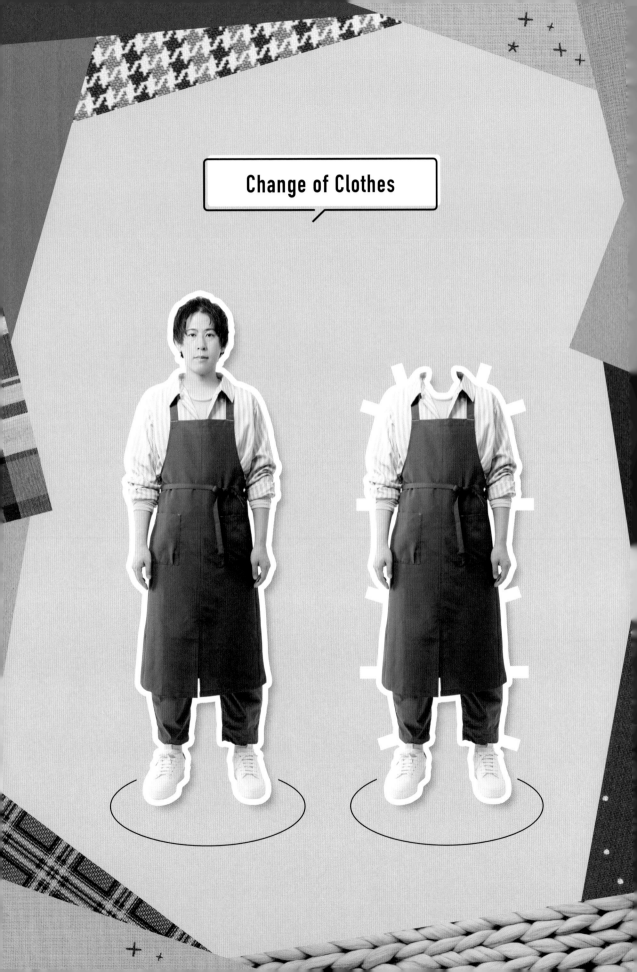

常葉緑耶
（28歳／SE）

普段は真面目な会社員、サバイバル
ゲームが趣味。婚活中で、何度かイ
イ雰囲気になった相手もいるが、趣
味が合わずにフラれ続けている。

「あはは、またフラれたんだ」

落ち込んでいる緑耶を笑い飛ばしたのは、一年先輩の女性だ。
さばさばした性格で姐御肌の彼女は、職場でモテているけれど、
緑耶は彼女のことが少し苦手だった。
彼女はなにかというと緑耶にからんできて、
笑ったりからかったりする。

「そりゃあ、そうだよね。初めてのデートでサバゲーなんて」
「やっぱダメですかね?」
「普通の女の子は、撃ち合いなんてしたがらないでしょ」
それは分かってますけど、と緑耶はいじけた。
「趣味を共有できる人がいいって思うのは、いけないこと?」
仕事人間の緑耶が、ただひとつ持っている趣味がサバゲーだ。
結婚を前提に付き合うのなら、
その趣味を分かってくれる相手がいい。

スリル、興奮、達成感…。
緑耶はサバイバルゲームの魅力を熱く語った。
「ふぅん。じゃあさ、今度連れていってよ!」
「先輩、サバイバルゲームしたことあるんですか?」
「ないけど、モデルガンの扱い方なら少し分かるよ。
シューティングバーに行ったことがあるから」

後日、緑耶は彼女を連れて
山中で行われるサバイバルゲームに参加した。
受付の列に並びながら、何度も彼女を振り返る。
「本当に覚悟できてますか? 弾が当たるとかなり痛いですよ」
「別に本物の銃で撃たれるわけじゃないし、面白そうじゃない!」
わくわくした表情の彼女。
帰るときもこんな顔をしていてくれればいいけど…。

今日のゲームはチーム戦で、緑耶と彼女は同じチームになった。
「先輩、俺から離れないでくださいよ」
彼女は連射のできないスナイパーライフルをメイン武器に選んだ。
素人丸出しだ。守ってやらないと、すぐに敵の標的になる。

試合が始まると、彼女は草むらに隠れた。
「じゃあ、俺が敵を探しますから、援護してください」
そう言って歩き出した緑耶の横から、敵チームの選手が走ってきた。
「くらえー！」
ヤバい、撃たれる！
緑耶が身構えたとき、パシュ、と小さい音がした。
緑耶が撃たれるよりも前に、彼女が敵を撃ってくれたのだ。

「気をつけなさいよ、緑耶くん」
「先輩、油断しちゃダメです！」
立ち上がった彼女に駆け寄る影。緑耶はあわてて銃を撃ったが、
弾は木の枝に跳ね返された。
敵が先輩に銃を向けた。その瞬間、
彼女がサブのハンドガンを出して敵を撃った。
パンッ。彼女の弾が敵に当たる。

やばっ、カッコよすぎる。まるで、凄腕の暗殺者だ！
彼女の鮮やかな戦いぶりに、緑耶は目を奪われた。

「あー、楽しかった」
帰り道、彼女は満足そうに笑ってから、真剣な目で緑耶を見た。
「ねえ、緑耶くん。私たち
いいパートナーになれるんじゃないかな？」
「そうですね」
緑耶のふたつ返事に、彼女が驚くように息を吸い込んだ。
「軍曹、俺を部隊に入れてください。
これからも一緒にサバゲーに行きましょう！」
「へっ？　あっ、そういうこと…」
彼女ががっくりと肩を落とす。

彼女のアプローチにも気付かず、サバゲーに夢中の緑耶だった。

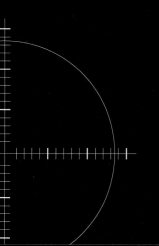

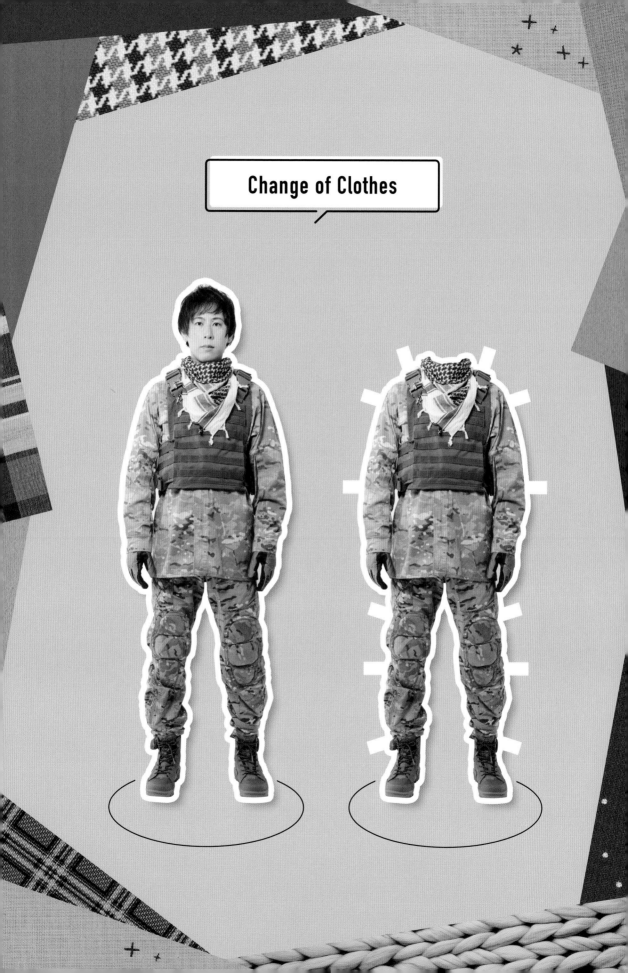

伊藤緑朗
（32歳／エディター）

山と自然が好きで、日本百名山の完
登が夢。山の素晴らしさを伝えたく
て山登り雑誌の編集部で仕事をして
いる。普段は冷静な性格だが、山に
登るとテンションが上がって早とちり
が増える。

伊藤は山について話をした。

「ふふっ、伊藤さんは、本当に山が好きなんですね」
さっき転びかけた彼女がおかしそうに笑った。
「すみません、一方的に話しすぎちゃいましたか?」
「いえ、知らないことばかりで勉強になりました。
もっといろいろ聞きたいです」

3人とも楽しそうに話を聞いていたけれど、
転びかけた彼女は特に熱心に山の話を聞いてくれた。
しかも、目がキラキラ輝いている。
もしかして…?
危ないところを助けられたり、いろんなことを教わったりして、
伊藤の醸し出す大人の魅力に彼女はときめいているのかもしれない。
…まあ、悪い気はしないな。つーか、普通に嬉しい!

山頂に着き、昼食タイム。
伊藤が岩に座って休んでいると、例の彼女が隣にやってきた。
「伊藤さんが担当で本当に良かったです」
「楽しんでもらえて、俺も嬉しいよ!」
「また、お願いしてもいいですか?」
「そんなに気に入ってくれたんですね!」
「はい、だって、伊藤さんってお父さんみたいに…」

えっ、お父さん!? たしかに、年は少し離れてるけど…。
いくらなんでもお父さんは…。
「 せめて、お兄ちゃんと言ってくれー」

言ってくれー、言ってくれー、言って……。
伊藤の叫びは、やまびこになって反響した。

「お父さんみたいに頼りがいがあって素敵だ、って言ったんだけどな…」
ちょっとファザコン気味な女子の最上級のホメ言葉だったのに、
その意味に気づかず、ショックを受ける伊藤であった。

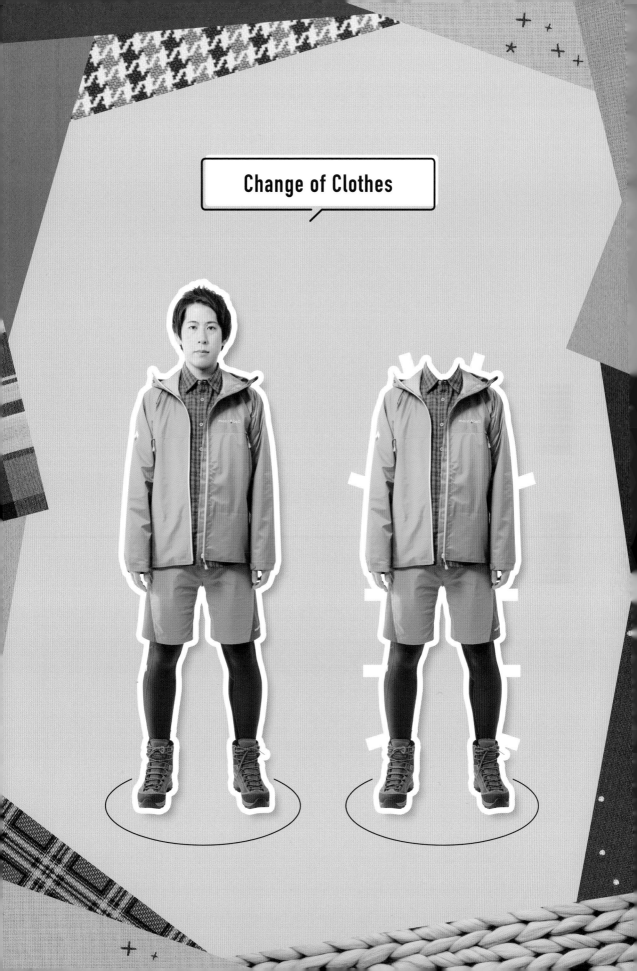

松葉亭小吉
（30歳/落語家）

二ツ目の落語家で近く真打への昇進が噂されている。噺家としての実力は確かだが、プライベートでは無口な性格。なのに、盛り上げ役としてよく合コンに呼ばれる。

「 あっ、僕はコーラで…」
酒の飲めない小吉は、小声で店員に注文した。
あーあ、なんで僕はまた合コンなんかに来てるんだろう…。

「小吉さんでしたっけ？
お酒は飲まないんですか？」
女の子が話しかけてくるけれど、
小吉はうまい切り返しが思いつかない。
「コーラが好きなので…」
小吉のそっけない返事に、
女の子がつまらなそうな顔をした。

「おいおい、落語家なら、もっと盛り上げてくれよ！」
男友達のひとりが、小吉の脇腹をひじで小突いた。
「そうだ、モノマネしてくださいよ！」
全員の視線が小吉に集まった。
くそぅ、こうなったらイチかバチかだ。
断りづらい空気に、しぶしぶ人気の俳優のマネをする。

「やだー、全然似てない」
当たり前だ。僕は落語家で、モノマネ芸人じゃない。
ってゆーか、お酒も飲まずにシラフで
無茶振りされる僕の身にもなってほしい…。

「なぞかけしてくれよ！　お題は…このビールでいいや」

酔った勢いで、みんなが無茶振りをしてくる。
「ぬるくなったビールとかけまして、
森林の土砂崩れと解きます」
「その心は」
「気が(木が)抜けているでしょう」
どうにかフリにこたえるけど、ウケは悪い。
「それ、分かりにくくないですか？」
みんなして勝手ばっかり言いやがって！

合コンが終わるころには、小吉はぐったりしていた。
何組かのカップルが成立していたけれど、小吉はひとりで店を出た。

「待ってください。一緒に帰りませんか？」
とぼとぼと歩き出した小吉に声をかけてきたのは、隅の席にいた、
ただひとり、無茶ぶりに参加しなかった女の子だ。
たしか大学生だと言っていた。

「ごめんなさい。大変でしたよね。みんな悪ノリしちゃって…」
ふたり並んで歩きだすと、彼女はそう謝った。
「いくら落語家さんでも、急に面白いことしろって言われても困りますよね」
「いいんだよ。慣れてるから」
気遣ってくれるだけでも十分だ。
合コンの気疲れが癒やされていく気がする。
「まだそんなに遅くないし、よかったらそこのカフェでお茶しませんか？」
「いいけど…」

「コーラおごります。好きなんですよね?」

小吉たちは夜遅くまでしゃべってから、カフェを出た。
意外と家が近所だということがわかり、彼女を家まで送ることになった。

「じゃあ、私の家、ここなんで」
「えっ、ここ…」
彼女が入って行く家を見て、小吉は固まった。

「もしかして、君のお父さんって…」

「はい、落語家の松葉亭大吉です」
それ、僕の師匠じゃねーか!

彼女がドアに鍵をさすと、玄関に明かりがつき、内側からドアが開いた。
「おい! こんな時間までどこへ…」
出てきたのは、師匠だった。小吉と師匠の目が合う。
「お前は、小吉か! こんな遅くまでうちの娘と何をしていたんだ!」

「ひいっ、ごめんなさーい」
顔を真っ赤にして怒る師匠が怖くて、
小吉は一目散に逃げだしてしまったのだった。

Change of Clothes

御堂理一
（33歳／眼鏡職人）

眼鏡をこよなく愛する眼鏡職人。たずねてくるお客たち一人ひとりに真剣に向き合い、その人に合う眼鏡を作るよう心がけている。

STORY

**眼鏡はただの視力矯正器具じゃないし、
もちろんただのファッション小物でもない。**
かける人の生活の一部になり、人生をともに歩む相棒のようなものだ。
御堂はそう考えている。

御堂のもとに、またひとりの客が来た。
母親に連れられた中学生くらいの少女だった。
活発そうにこんがりと日焼けした肌をしているけれど、何だか元気がない。

きっとメガネキャラになりたくないんだろうな…。

多感な時期に眼鏡をかけないといけなくなった子どもには、
二通りのパターンがある。眼鏡を好きな子と、眼鏡をかけるのを嫌がる子だ。

「こんなのしてたらジャマだもん…」
母親に眼鏡を試着させられた少女が、不満そうな声を出した。
「眼鏡は嫌いかな?」

「別に…」
不貞腐れる少女の顔をじっと見て、
御堂は彼女の目の位置や輪郭の特徴をつかんでいく。
うん、この子には、これか、これ。あっ、これもいいかも…。

御堂はピックアップした眼鏡を少女に渡した。
「どれでも好きなのをかけてみてよ」
イヤそうな顔をしながらも、少女は差しだした眼鏡をかけた。
「どうなの?」
母親がたずねて、少女が首を横に振る。
「やっぱりジャマ。落ちてくるし」

御堂は少女の眼鏡を取り、微調整してからかけ直してあげた。
「これでどう?　落ちてこないし、快適なんじゃないかな?」

少女は首を振ってみたり、
眼鏡のつるを指で上げ下げしてみたりしてから、
驚いたみたいに目を大きくした。
「あんまり、ジャマじゃないかも…」
「でしょ。他のもかけてごらん。
気に入るのがあるはずだよ」

完成した眼鏡を渡すと、少女は恐る恐る眼鏡をかけた。
「うわー。すごい…!」
視力が落ちていた子が、
初めての眼鏡をかけるときの反応は決まってこうだ。
少女は嬉しそうに目を輝かせながら、
壁のポスターや窓の外を眺めた。

満足そうに眼鏡をかけ、少女は帰っていった。

けれど、その翌日、また暗い表情をして少女がやってきた。
「ごめんなさい」
少女は紙袋を出した。
「私、野球をしてるんですけど。
ボールが当たっちゃって…」
袋の中では、誠意を込めて作った眼鏡が
ぐちゃぐちゃになっていた。

せっかく作った眼鏡がたった一日でダメになるなんて…。
御堂の腕がふるえ、肩や体中までふるふると振動してくる。
「やっぱり怒ってますよね?」
「えっ、いや、ぜんぜん。大丈夫だよ」

**今度こそ、邪魔にならない、
最高の眼鏡を作ってみせる。**
御堂は武者震いした。
作った眼鏡がたった一日で
壊れてしまったショックよりも、
より良い眼鏡を作る情熱に燃える御堂であった。

「あらー、カワイイじゃない!」
「ほんと?　…まあ、悪くないかも」
眼鏡を選びながら親子は楽しそうに笑い合っている。

「これにします」

次は、少女が選んだ眼鏡にレンズを入れていく。
丸い大きなレンズから、眼鏡の形を切り出す。
フレームにはめるときの位置を意識しながら、
丁寧に作業を進めた。

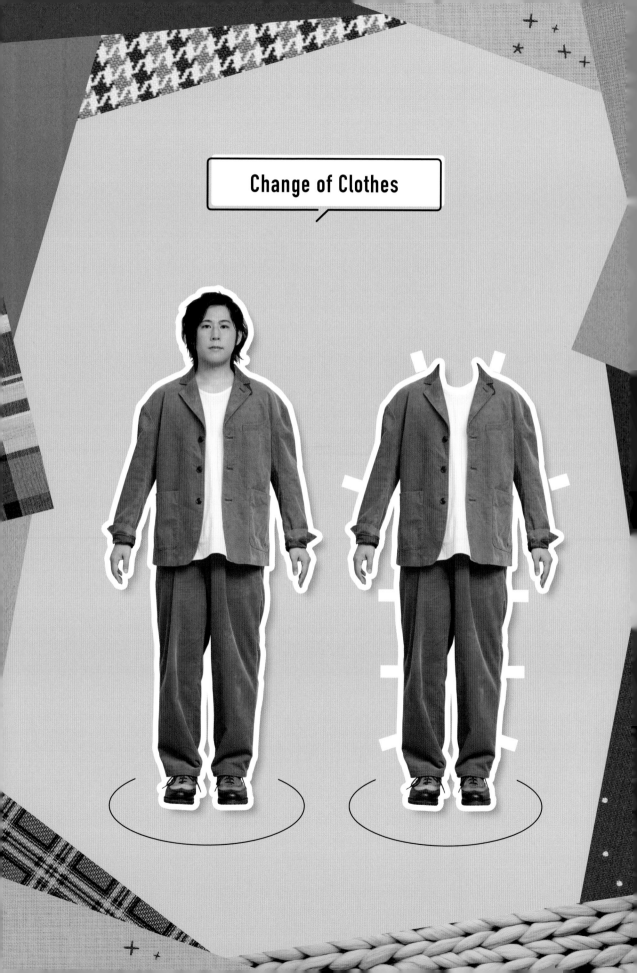

Character Profile

中村翡翠
（ 31歳/アクセサリーショップ 店主 ）

アパレル業界を経て、好きなアクセサリーのショップを渋谷にオープンさせた。高級ブランドのセレクトのものから、自作のシルバーアクセまで幅広く販売している。

STORY

「店長さん。これ、どう思いますか?」
女の子に呼ばれて、中村は振り向いた。
「どれどれ…」
女の子は学校の制服を着ていた。たぶん高校生くらいだろう。
リボンをほどいた首元に、ネックレスを試着している。

「おっ、似合ってるねー。超かわいいよ」
「ホント?」
「ほんとほんと。たぶんそのネックレスは、
君と出合うためにここにあったんだな…」
女の子はネックレスを外し、中村に差しだした。
「これ、ください」

会計を済ませて店を出ていく女の子に、中村は手を振った。
「また来てくれよな!」

次のお客さんは飾り気のない地味目な女性だった。
中村は勝手な推理をしながら、彼女に近付く。
「いらっしゃい。どう、ここのアクセサリー?　かわいいっしょ?」
「…あっ、はい、そう思います」
「君は、いつもはアクセしないの?」
「はい、あんまり…」
「かわいいんだから、もっとオシャレしたらいいのに。
そっちの棚にはセールのもあるよ!」
「どんなのをつければいいと思いますか?」

似合うアクセサリーを選んであげると、
その女性は嬉しそうに身に着け、そのままつけて帰って行った。
「じゃーね、またねー」
友だちと別れるときのように、中村は女性を見送った。
タメ口。友達感覚。時折、ちょっと上から目線。
この接客が意外とうけるみたいで、このショップには熱心なファンがいる。

でも、その日の夕方に来た客には、さすがの中村も敬語になった。
「いらっしゃいませ。今日は何をお求めでございましょうか…」

そのお客さんは2メートル近い大男だった。
腕は丸太のように太い。
いかついムキムキ男が、いったいなぜウチに…。

「ハンドメイドの
シルバーアクセサリーがあると聞いたが」
野太い声で男性が言った。
「はい、こちらにあります…」
中村は手作りアクセのコーナーに男性を案内した。
そこに並んでいるのは、
全て銀粘土を使って中村が作ったものだ。

「これ、兄ちゃんが作ったのか?」
その男性は一つひとつ念入りにアクセサリーを確認しながら聞いた。
まさか、デザインを盗用したとか、文句を言うために来たのか?
盗作なんてしたことないけど…。
損害賠償を払えとか言ってきたらどうしよう…。
身構えながら、中村は肯いた。

「なるほどなぁ」
男性は顔をあげて、睨むように中村を見た。
剣幕に押されて後ずさった中村に、男性が飛びかかってきた。
「すごいっすね。これとか、これとか、まじカワイイ! きゅんなんですけど!」
「あれっ、えっと、ありがとうございます…」
「友達がインスタでここのアクセしてるの見てー
すごいイイって思って。買いに来たんですよー!」

「わー、嬉しい。やっと買えた。ばいばーい。また来まーす!」
男性は、手作りアクセサリーを数点買って帰っていった。
こうして、中村のショップにまたひとり、熱烈なファンが増えたのだった。

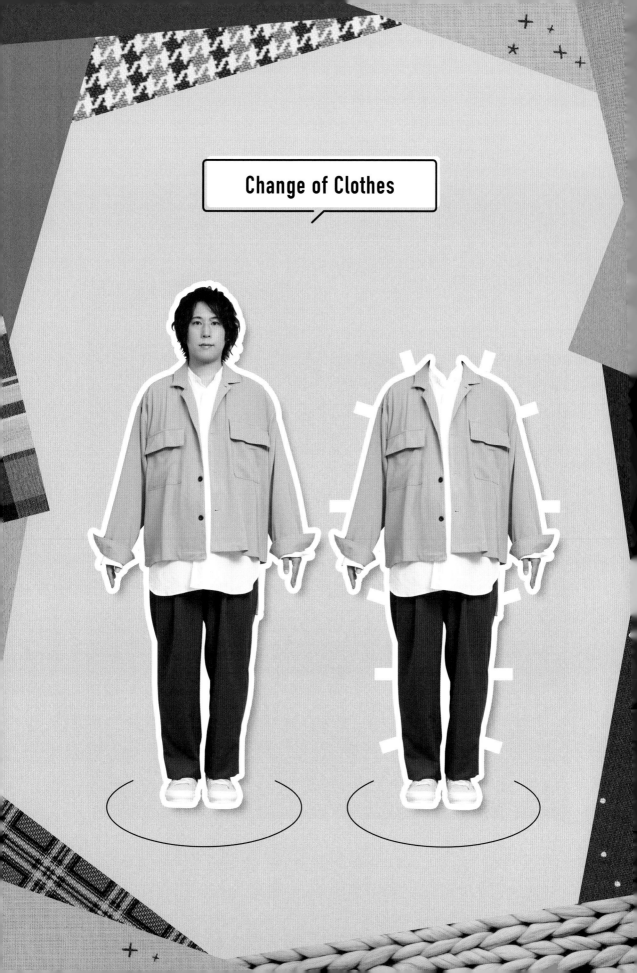

碧海 徹
（ 33歳/フリーター ）

プロサーファーを目指し、日々奮闘。
仕事は海の家でバイト。女性連れの
サーファーを敵視しており、自分はに
わかと違い「真のサーファー」であ
ると自負しているが、実はものすごく
女性の目を意識している。

Story

「俺のシーズンがきたぜ！」
ようやく、存分にサーフィンを楽しめる季節がやってくる。
夏が終わり、冬にかけてのこの季節をいかに充実させるかが、
"真のサーファー"たるものを見極めると碧海は常に思っている。

「うざいギャラリーも、
チャラ男もいなくなって、ありがたい限り」
碧海は、女連れのサーファーが嫌いだ。
モテるためだけにやっているようなやつと、一緒にされたくない。

「へ…くしょん」
鼻をすする。少し寒気がする。
「いざ！」
寒さを吹き飛ばすように、海へ飛び出す碧海。海に入り、パドルを開始。
「いい波…来い！」
少しずつ沖に出ながら、波を待つ。
遠くの海上で台風も発生しているし、今日はいい波が来る予感。

「全然だめだ、うまくいかない。波は来てるのに」
ふわふわと浮いている時間が続く。

いくつか波には乗れたが、良いタイミングでテイクオフできず、
ちょっといった所ですぐ海に落ちてしまう。
「一回、出るか…へっくしょん」
鼻をすする。

浜辺に座り、じっと海を見つめる。いい波来てんのに、何でだ？
「待ってないで、向かわないとだめよ」
振り向く碧海。綺麗な人だ…。ちょっと、カッコつける。
「向かう？」
「そう、波がブレイクするところまでいかないと。いい波はつかめない」
「波が…ブレイク？」
俺は、孤高のサーファーだ。

だから、サーフィン用語で誰かと話すことなど…ない。
でも、そんな無知なところを悟られまいとしたが…。
「見ていて。私が、波がブレイクする
バンクまで行くから」
そう言うなり、彼女はみるみる沖へと向かっていった。

そして、彼女はバンバン波に乗りまくり、30分ほどであがってきた。
「どう？　波は、見えたかしら？」
彼女にいい所を見せたいが…それよりも知りたい。
サーフィンのいろはを、しっかり教わりたい。この、美人に…！

「波が、ブレイクが正直わからない‥」
「ブレイクがわからない？　そんなの、簡単よ。
じっくり海を見て、バンクを見つけるの」
「バンク？」
「波はバンクにあたってブレイクするの。
そこに、ホワイトウォーターありよ！」
「ホワイト…ウォーター？」
「そう…ほら、あそこ！」
と、遠くを指さすが、
どこを指しているかわからない。
「ほら、あそこ！」
すると、彼女の指さす方向で大きい波がたつ。

「すごい…」
「一緒にいく?」
彼女は笑顔で海に誘う。
「もち…へっくしょん」
「風邪ひいてるの?」
「いや…花粉症」

本当はさっきから寒気が止まらない。
海から上がり、30分もじっと
浜辺に座っていたのも効いている。
「今日は、
帰ったほうがいいんじゃない?」
「いや、全然平気。
このチャンスをつかみたいんだ」

もちろん、大きな波のこと。
決して彼女のことではなく…。

「鼻水出てるし、震えてるから…今日は帰ったほうがいいよ」
優しいまなざしで、そっと諭してくる。
そうだね、専門用語もしっかり頭にいれて、
もう一度君と…。

「 今度、いつ会える?」

Change of Clothes

斉藤青葉
（ 30歳/保育士 ）

子供たちの笑顔を見るのが好きで、
保育士を目指した。仕事に一生懸命
だが、ときどき空回りすることも。実
は顔芸が得意。

STORY

「うぐっ、ひぐっ、ううっ……」

空が暗くなって、他の園児たちがみんな帰ると、
ひとり残された女の子が泣き出してしまった。
お母さんのお迎えが遅くて不安になったみたいだ。
「大丈夫だよ。
すぐにママが迎えに来るからねー」
同僚の保育士が慰めるけれど、女の子はしくしく泣き続けている。

よしっ、ここは僕の出番だ！
青葉は女の子を抱きかかえると、
同僚たちに背中を向けて、必殺の変顔をしてみせた。
「ひぐっ、うくっ…くっ…。ふふっ！」
青葉の顔を見た女の子は、たまらず笑いだした。
「さみしがらなくても大丈夫だよ。
ママが来るまで一緒に遊ぼうな！」

これが青葉の得意技だ。
青葉がこの技を身に着けたのは一カ月ほど前のことだ。

「それ、俺にくれよ！」

「やめてよ。僕の！」
おやつのドーナツを取り合っている男の子たちに、青葉は変な顔をして、
「仲良くしなきゃあ、ダメだぞぉー」
すると、その顔を見た男の子たちはぴたっと喧嘩をやめた。
「あはははっ、先生、変なのー！」
ひとしきり笑ってから、ふたりは仲良くおやつを食べ始めた。

それ以来、青葉は機嫌の悪そうな子がいると変顔を見せるようになった。
すると、泣いてる子でも喧嘩してる子でも、すぐに笑いだすのだ。
お迎えが遅くてさっきまで泣いていた女の子も、
すっかり泣き止んで、今では楽しそうに積み木遊びをしている。

もしかすると、僕には子供を笑顔にする才能があるのかもしれない。
そう思うと嬉しかったし、子供たちが笑うのを見ると幸せな気分になれる。
まぁ、変顔してるところは、とても同僚たちには見せられないけど…。

「先生、ばいぱーい！」
「はーい、また明日ね！」
母親が迎えに来て、女の子は元気に帰って行った。

これで、今日の仕事もおしまいだ。
青葉はおもちゃの箱を片付けていた。
そこへ、困り顔の園長がやってきた。
はぁー、と園長はため息をつく。

「どうしたんですか？」
青葉がたずねると、園長は眉毛をへの字にした。
「あのね、最近ね、
保護者からの苦情が多いのよ」
「何があったんです？」
「分からないけれど、
子供が変な顔をするって言うの」
えっ、まさか。それって…。
「出かけた先で知らない人に向かって、イーッて、
変な顔をして見せるから困ってるんですって。
どこで覚えたのかしら」
きっと、僕のマネをしてるんだよな…。
園児たちがそろって変な顔をするとしたら、
それしか考えられない。

「ごめんなさい。
それ、僕のせいだと思います！」
「青葉君のせいって、どういうこと」
「たぶん、これをマネしてるんだと…」
青葉は園長に変顔をして見せた。

「それ、ぷっ…。あっはっはっ！」
園長は何か言おうとしたけれど、
耐えきれなくなって笑いだした。
「あっはっは。あー苦しい、はは」
「本当にすみませんでした」
息を切らして大笑いする園長に頭を下げながら、
得意の変顔に頼り過ぎていたことを
反省した青葉であった。

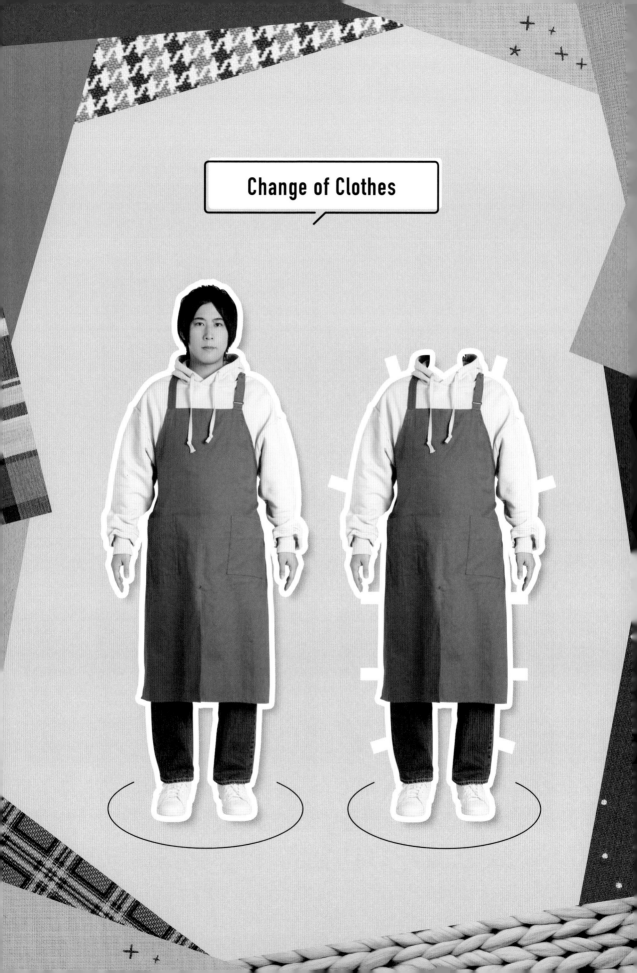

高橋伊緑
<ruby>高<rt>たか</rt></ruby><ruby>橋<rt>はし</rt></ruby><ruby>伊<rt>い</rt></ruby><ruby>緑<rt>いつか</rt></ruby>
（ 27歳/マンガ家 ）

マンガ家として活躍中の伊緑。冬になると趣味のスノボを週3で楽しむ。それ以外の趣味はなく、ほぼ毎日家でアシスタントの広川とふたりでマンガを描いている。スノボが好きだが、現在連載中のマンガの題材はサッカーである。

STORY

「なぁ、広川。
きょうも絶好のスノボ日和だなぁ」
「そうですね、伊緑さん」
ある冬の日。マンガ家として活躍中の伊緑は、
アシスタントの広川と一緒に山でスノボを楽しんでいた。
広川とは仕事上でパートナーだが、
趣味でもほとんど共に時間を過ごす仲であった。

「今日はあっちのほうまで行ってみようぜ！」
いつもは足をのばさないもっと高い山の頂を指差す伊緑。
「いいっすね！　行ってみましょう!!」
早速リフトに乗り、ふたりは山頂へ向かう。

山頂に到着し、少し歩いたときだった。
いきなり悪天候になり吹雪になった。
目の前が真っ白で何も見えないなか、伊緑と広川は身動きが取れないでいる。
「ダメだ。これはスノボどころじゃないな。
引き返そう」
伊緑はリフトのあったほうへと手探りで歩き出す。
後を付いて歩く広川。
吹雪はさらにひどくなり、全く前が見えない。
その時、伊緑がふと何かに目を止める。
「おい！　あそこ見てみろよ！」
「どこですか？…あ、小屋がありますね！　行きましょう」

小屋の中に入ると、そこにはふたり掛けのベンチがあるだけだった。
「とりあえず吹雪がましになるまで
ここで待つしかないな」
「…そうですね」
狭い小屋の中で吹雪がおさまるのをじっと待つ伊緑と広川。
伊緑の隣に座った広川が唐突に口を開く。
「伊緑さんにとって、
僕ってどんな存在ですか？」
「何だよ、いきなり。」
伊緑は少し照れながらこう続けた。
「お前は…俺にとって…」
すくっと立ち上がる伊緑。
「俺にとって大事なアシスタントだよ！
これからも一緒に面白いマンガ描いていこうなっ！」
肩を落とした広川がにこっと微笑み
「はい」と答えるのだった。

数時間後、吹雪が去り分厚い雲の隙間から太陽が顔を出した。
ふたりは小屋を出て、スノボで山を滑り降りる。
無事ふもとに降りてきたふたりは、
山の天候の恐ろしさを身をもって知ったのだった。

「腹減らないか？」
「僕もちょうどそう言おうと思ってました。
さすが伊緑さん！」
伊緑の提案に大賛成の広川。
昼食をとるため、
ふたりは近くのレストランに向かう。
「スノボといったらカレーでしょ！」

「何言ってんだよ！　スノボといったらラーメンだよ」

その時だった。
伊緑が凍ったレストランの階段で足を滑らせ、
派手に転んでしまう。

「いてっ！」
伊緑に駆け寄り、手を貸す広川。
「ちょっと伊緑さん！
大丈夫ですか!?」
「お、おう。平気、平気」
レストランに入り、テーブルについたふたり。
右腕をさすりながら痛みを堪えて食事をする伊緑を、
広川は心配そうに見ている。
「僕が食べさせてあげますよ！」
「は？　いいよ、自分で食べられるっ
…いてっ！」
「ほら無理しないでいいですからっ！」
そう言って広川は伊緑の隣に座り、ラーメンを食べさせる。
「サンキュー…」
「もしこのまま痛むようだったら、
これからは伊緑さんの身の回りのことは僕が手伝いますから！」
「ぶはっ!!」
広川の発言にラーメンを吹き出す伊緑。
「いいって、自分でやるから！」
「遠慮しないでくださいよ！
何でも手伝いますよ！
着替えやお風呂だって」
「は？」
「だって伊緑さんにとって僕は大事なアシスタントなんですからっ！」
広川は満面の笑みを浮かべた。

その日の夜に発覚するのだが、この時伊緑は
マンガ家の商売道具である
大事な利き腕を骨折してしまっていた。
マンガ家としてだけでなく、
私生活までもアシスタントとして
広川に頼ることになり、頭が上がらない伊緑だった。

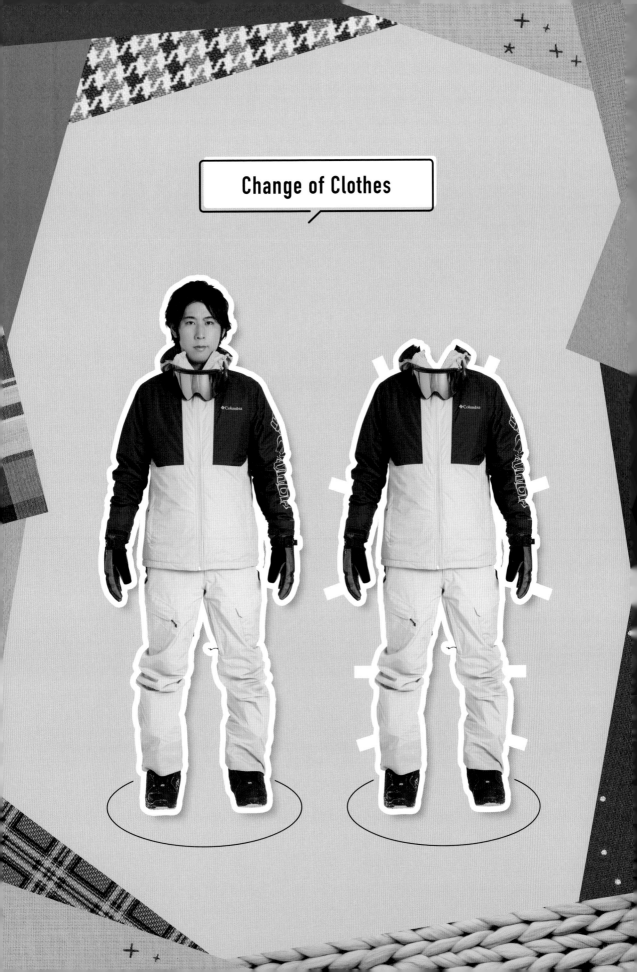

飛鳥緑青
（あすか ろくしょう）
（ 33歳/高所作業員）

高い所が好きで身体を動かすのも好
きだったので、とび職人になった。
現場を監督する職長になるため資格
取得を目指しているが、なかなかと
び技能士1級に合格できずにいる。

Story

「おはようございまーす」

緑青が高い足場に登って仕事の準備をしていると、
下から聞き覚えのある声がした。
この近所に住む知り合いの高校生だ。
生徒会長もしているという秀才少年で、緑青とは全然違うタイプだけれど、
緑青のことを兄のように慕ってくれる。
「おう、おはよう」
「早くから大変ですね！」
「お前こそ、毎日真面目に学校に行って、たいしたもんだよ」
緑青は片手をひらひら振って少年を見送った。

「よっしゃ、今日も一日、頑張りますか！」

職長の指示を受けながら足場を組みあげていく。
「おーい、アンチ持ってきてくれ！」
3階の位置で作業している先輩が緑青を呼んだ。
「いくつっすか？」
「ヨンマルを15枚頼む」
「15も…。り、了解っす！」
アンチという足場の踏み板になる部品は
とても丈夫な金属でできていて、かなりの重さがある。
その重たいアンチを数枚ずつ抱えて、緑青は狭い足場の上を何度も往復した。

一日中走り回り、ようやく終業時間になった。
ふぅ、疲れた…。でも、あと一息だ。
足場の上で片付け作業をしながら、緑青は夕焼けに染まった街を見下ろした。

遠くから、少年が歩いてくるのが見えた。
少年はうつむきがちにとぼとぼ歩いている。
「おう、少年。どうした？　元気ねぇな」
「緑青さん…。ねえ、やりがいってなんですか？」
少年の高校で、進路希望調査があったそうだ。
「勉強は得意だけど、やりたいこととか分からなくて…」

落ち込んだ様子の少年を励まそうと、緑青はこっそり彼を足場の上にあげてやった。
「ほら、飲め。コーヒーだ」
少年は高い足場から街を眺めながら、緑青から受け取った缶コーヒーを一口飲んだ。
「やりがいなんて分からねぇけど。
俺はよ、高いとこが好きだからとびになったんだ」
「好きだから?」
「仕事の終わりに高台から夕日を見りゃ、いい一日だったって思える。
それで充分じゃねぇか? だってよ、ここで飲むコーヒーは最高に旨ぇだろ?」

工事が終わり、緑青は別の現場に移った。
少年とはほとんど会わなくなり、その間に少年は高校を卒業して街を出てしまった。
大学に進学したのか、どこかで働いているのか。それすら緑青には分からない。

もう会うこともねぇだろうな。そう思っていた。
ところが数年後に、緑青は彼と再会した。

工事現場で声をかけられて振り向くと、作業員の中に彼がいた。
「お久しぶりです。実は、高校を出てすぐ、
僕もこの仕事に就いたんです!」
なんでも彼は、緑青に憧れてこの仕事を選んだのだそうだ。

「この現場は僕が職長として監督するんで、
フォローとか、よろしくお願いしますね」
青年になった彼がにこやかに笑う。
「えっ、おまえ、とび一級持ってるのか?」
「はい、一発合格でした!」
「ウソだろ…」

緑青がずっと取れずにいた資格を、彼はあっさり取得してしまったらしい。
弟みたいに思っていた相手に先を越されて、ショックを受ける緑青だった。

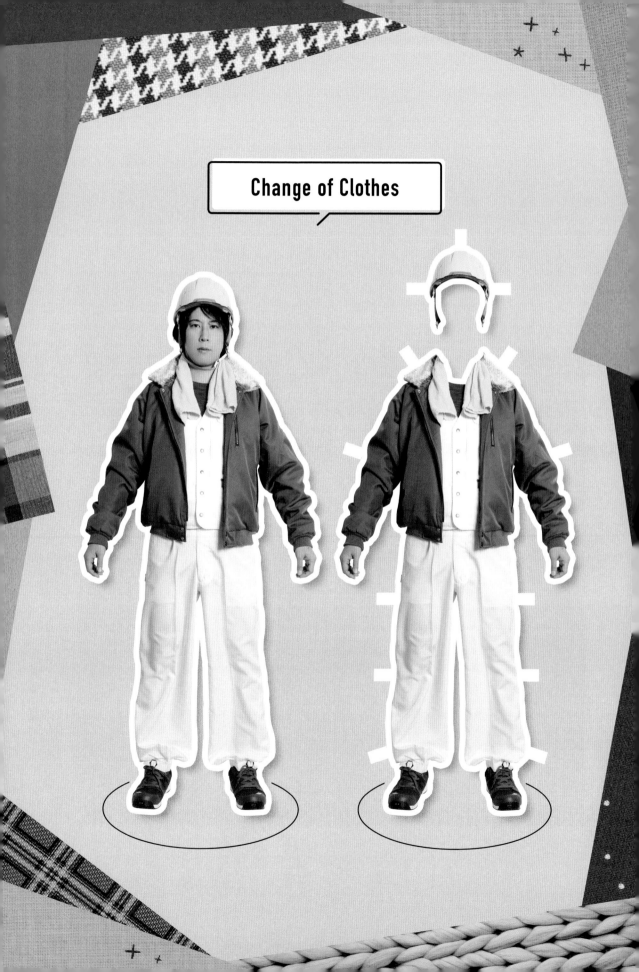

Photographer

Megumi、鈴木雄大（P28〜53）

Management

福井 香織（EARLY WING）

Styling

MASAYA

HairMakeup

笹浦麻記（e-mu）

Prop Styling

宮田桃子

Text

よしもとクリエイティブアカデミー　ライターコース

　渡辺晴陽（夢咲時緑、青芝修司、木賊栄太、西岡碧志、
　伊吹来夢、常葉緑耶、伊藤緑朗、松葉亭小吉、御堂理一、
　中村翡翠、斉藤青葉、飛鳥緑青）
　emi（木本緑二）
　松原まつお（緑川 流）
　竹田 歩（碧海 徹）
　田中千恵（高橋伊緑）

Special Thanks

よしもとクリエイティブアカデミー　ライターコース

Design

今川柚子、田中清賀、宮崎愛理、陳 湘婷、鬼澤里佳子（mah-gra）

Editor

大岸美帆（PASH!編集部）

しらいむコーデ 〜ミント味MAX〜

著者　　：白井悠介
編集人　：春名 衛
発行人　：倉次辰男
発行所　：株式会社主婦と生活社
　　　　　〒104-8357 東京都中央区京橋3-5-7
　　　　　編集部 03-3563-2180
　　　　　販売部 03-3563-5121
　　　　　生産部 03-3563-5125
　　　　　https://www.shufu.co.jp
製版所　：東京カラーフォト・プロセス株式会社
印刷所・製本所：図書印刷株式会社
ISBN 978-4-391-15615-7